AF232884

PROGRAMME

POUR LA

FORMATION DE PLANS D'UN ASILE MODÈLE

DESTINÉ À LA VILLE DE MADRID,

PAR

M. le docteur A. BRIERRE DE BOISMONT,

Membre correspondant de l'Académie royale de médecine et de chirurgie de Madrid.

———

Le gouvernement de l'Espagne vient de mettre au concours la création d'un asile d'aliénés dans les environs de Madrid. Les médecins spécialistes ne peuvent qu'applaudir à une mesure qui rappelle que cette héroïque nation a eu la première la gloire d'élever des retraites aux malheureux insensés.

En 1409, dit, en effet, M. le docteur Pi y Molist (de Barcelone), les guerres civiles, les bouleversements des familles, les pertes de fortune avaient multiplié à Valence le nombre de fous qui erraient dans les rues de cette ville, à leur détriment et au péril de leurs compatriotes. Un religieux de l'ordre de la Merci, Fr. Jofre Gilaberto, touché de compassion, institua l'ordre des Innocents qui ouvrit en 1425, dans cette ville, une maison pour les aliénés. Cet exemple fut suivi, en 1436, à Séville, et en 1483, à Tolède. Il faut attribuer aux tristes gouvernements qui ont pesé sur ce pays, l'état stationnaire de ces établissements qui avaient un germe d'avenir, puisque le travail manuel avait été établi dans l'hôpital de Sarragosse, bien

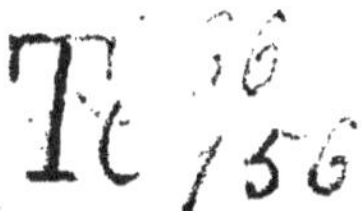

longtemps avant qu'il en fût parlé en France et en Angleterre (1).

Nous avons pensé que, sans entrer en lice pour le concours, il était du devoir d'un aliéniste qui a consacré la plus grande partie de sa vie à l'étude de la folie, qui a l'honneur d'être membre correspondant de l'Académie royale de médecine et de chirurgie de Madrid et de plusieurs Sociétés médicales d'Espagne, d'apporter à ce projet le fruit de son expérience.

Toutes les fois qu'un asile public d'aliénés est à créer, il faut s'aider de la comparaison des établissements qui ont pris rang dans la science par leur situation, leur aménagement et la réunion des perfectionnements qui sont les conséquences naturelles de la marche du temps. Il y a longtemps qu'Esquirol écrivait : La première chose pour traiter la folie, est une maison de santé bien construite. Cette opinion du vulgarisateur pratique des idées de Pinel, est aussi vraie aujourd'hui que de son temps.

Quel que soit, en effet, le système que l'on adopte, il doit réunir toutes les conditions hygiéniques, médicales et morales dont l'expérience a démontré l'utilité. Classification raisonnée des diverses espèces de malades, moyens curatifs spéciaux, occupations intellectuelles et manuelles, distractions, personnel choisi, vie de famille, exercices religieux, tels sont les éléments que doit manier le médecin qui est l'âme du système. Partout, en effet, où la construction de ces édifices a eu lieu sans son concours, l'absence du sens pratique s'est révélée par des fautes graves et préjudiciables aux malades.

L'impulsion donnée par Esquirol, à la création d'asiles modèles, a rencontré d'ardents imitateurs à l'étranger. Aujourd'hui il existe trois grands systèmes dont il est utile d'esquisser les principaux traits.

Le *système français* se distingue par les caractères suivants :

(1) Pinel, 2° édition, p. 238 et 239.

centralisation des bâtiments d'administration dans l'intervalle des deux divisions consacrées aux hommes et aux femmes qui sont perpendiculaires ou parallèles à l'axe de séparation ; subordination des subdivisions à la considération de l'état de maladie et de malpropreté ; construction de bâtiments isolés, contigus ou en communication directe entre eux, mais reliés par des galeries ; centralisation des bains dans une ou deux divisions ; développement des bâtiments à un étage ou deux étages, avec affectation du rez-de-chaussée aux habitations de jour; du premier et du deuxième étage, aux habitations de nuit ; prédominance des dortoirs sur les habitations individuelles, surtout pour les pauvres, et enfin adoption de l'enceinte carrée avec préau intérieur.

Dans le *système anglo-américain*, on constate, au contraire, la prédominance des chambres sur les dortoirs ; la constitution de tous les éléments de chaque quartier au même étage ; la superposition des quartiers dans les divers étages d'un même bâtiment ; l'emploi des galeries à l'usage d'habitation de jour ; la concentration des habitations des malades dans des bâtiments à plusieurs étages, formant des ailes réunies à angle droit, de manière à constituer un corps ; la distribution des services généraux sur l'axe de séparation des deux sexes ; la distribution des préaux à l'extérieur de l'enceinte des constructions ; la subordination du classement à la considération du taux de la pension et du nombre des individus à admettre dans le même quartier ; en dernier lieu, la restriction des principes pathologiques du classement à la considération des états de tranquillité, d'agitation et de malpropreté, sans acception de la curabilité.

Le *système allemand* se sépare nettement, au point de vue le plus général, des systèmes français et anglo-américain, par la subordination des plans à l'état de curabilité et d'incurabilité, d'où sont nées les deux formes de systèmes, caractérisées l'une par la séparation absolue des curables et des incurables dans deux établissements distincts de traitement et d'entretien ; l'autre par l'association en une seule institution des deux établissements de curables et d'incurables. L'expérience ne semble pas favorable à cette division, souvent difficile à établir et qui frappe d'ailleurs les incurables d'une tache indélébile. Le système allemand admet le dortoir commun comme en France ; sous les autres points de vue, il a les plus grandes analogies avec le système anglo-américain.

M. Parchappe, qui a apprécié ces trois systèmes (*Des principes à suivre dans la fondation et la construction des asiles d'aliénés*, Paris, 1853), a démontré la supériorité médicale du système français au point de vue du classement des malades et de la constitution des quartiers, c'est aussi notre conviction, et nous ajouterons qu'au point de vue architectural, plusieurs asiles de France, celui de Toulouse, entre autres, peuvent lutter avec les établissements anglais.

Nous devons dire quelques mots d'un quatrième système qui, dans ces dernières années, a trouvé des partisans, je veux parler du *traitement à l'air libre*. Le professeur Parigot (de Bruxelles), qui a dirigé plusieurs années la colonie de Gheel, a pensé que l'on pouvait généraliser l'idée de cette institution et l'appliquer sur une grande échelle.

Indépendamment de la difficulté de trouver une localité assez distante des habitations humaines pour avoir la tranquillité et le recueillement nécessaires aux réunions d'aliénés, ce qui restreint déjà considérablement le système, il y aurait des mesures à prendre pour empêcher l'évasion des aliénés dangereux. Or, comme au bout d'un certain temps, le désert se peuplerait, il faudrait redoubler de précautions pour empêcher la satisfaction de désirs qui existent chez l'immense majorité des aliénés. Je n'ai pas parlé de l'influence si puissante du médecin qui deviendrait presque nulle, de l'heureux effet de la règle, de la surveillance exercée par des employés intelligents, des avantages de la discipline et des repas en commun, mais je ferai observer qu'il y a déjà dans les grands établissements bien tenus, et notamment dans ceux d'Auxerre, de Saint-Athanase, de Quatre-Mares, près de Rouen, du Mans, de Blois, de Stephansfeld, etc., un choix de moyens qui [illegible] de la manière la plus heureuse dans la méthode du traitement à l'air libre. Il est évident, par exemple, que les 30 hectares de la ferme de Quatre-Mares, constituent bien la vie des champs ; là, il n'y a que des murs de clôture, et les aliénés travaillent en pleine liberté, sans que pour cela les évasions soient plus fréquentes, caractère qui nous paraît établir une différence tranchée entre les fous et les criminels.

Au train dont vont les choses, j'ai l'intime conviction que d'ici à peu d'années, les asiles n'auront d'autres enceintes que celles des propriétés particulières. Ajoutez à cette grande liberté une alimentation régulière, presque toujours substantielle, une literie propre et convenable, des pièces bien chauffées, des écoles, des livres, des ateliers pour les artisans et des occupations sédentaires pour ceux qui ne peuvent s'éloigner, ces conditions réunies ne sont-elles pas un progrès considérable dans le traitement de l'aliénation mentale et qui ne se retrouve pas dans beaucoup d'autres institutions de bienfaisance ? Tout en reconnaissant ces importantes améliorations, la perte de la raison est une maladie si douloureuse, elle se lie si intimement aux froissements de toute nature que cause l'état social, à ses lois défectueuses, à son peu de souci de l'hygiène, etc., qu'il ne faut négliger aucun moyen de mettre les aliénés dans les conditions les plus favorables à leur guérison et à leur bien-être. Aussi, si j'avais à construire aujourd'hui un asile privé, je distribuerais les quartiers entourés de massifs d'arbres, comme les communs autour du château, qui serait le bâtiment des services généraux ; de cette manière ils paraîtraient isolés, indépendants, et se rapprocheraient le plus possible des maisons ordinaires, ce qui n'exclue rait pas les précautions nécessaires pour la sûreté générale.

Ces préliminaires posés, faisons connaître les dispositions que nous prendrions, dans l'état actuel de la science, pour la construction d'un asile devant contenir cinq cents aliénés, pensionnaires et pauvres.

La première condition est de placer l'asile hors la ville, à une lieue environ de distance, dans une localité bien exposée, plantée d'arbres, aérée, pourvue d'eaux, et, si faire se peut, présentant des vues variées. L'orientation des bâtiments doit être dirigée vers l'est et l'ouest.

Quelle que soit la forme que l'on adopte, les bâtiments des services généraux doivent occuper le centre de l'édifice, soit qu'ils s'élèvent au milieu, comme à Quatre-Mares, Auxerre Marseille, etc., soit qu'ils soient placés dans les galeries latérales comme à Toulouse. Les deux grandes divisions consacrées aux hommes et aux femmes, se massent parallèlement ou perpendiculairement à l'axe de séparation du bâtiment central.

Cette dernière disposition que j'avais indiquée dans mon premier plan, et qui a été adoptée à l'asile de Toulouse, a pour résultat de présenter au dehors une vaste étendue de bâtiments d'un aspect imposant ; et lorsqu'on pénètre dans l'établissement, la première impression est un sentiment de surprise qu'explique aussitôt le grandiose des deux corps de logis latéraux disposés en galeries, et destinés aux services généraux. Cette impression augmente encore quand on monte dans ces galeries et qu'on embrasse l'ensemble monumental de l'édifice. C'est sans contredit ce que j'ai vu de plus remarquable dans les asiles que j'ai visités en France et à l'étranger. Il y a incontestablement dans cette disposition architecturale un cachet de grandeur et de sévérité en harmonie avec le but de l'institution.

Le concierge, son logement, celui du jardinier occuperont un côté de la porte principale dont l'ornementation extérieure, quoique simple, doit annoncer un monument. Les écuries et les remises seront dans le côté opposé. Viendront ensuite des salles de réception différentes pour les pensionnaires et les pauvres, sans communication entre elles, afin d'éviter tout point de comparaison, toujours pénible en pareille circonstance. La chambre de garde de l'élève interne sera contiguë aux salles de réception.

Le bâtiment des services généraux, situé au centre ou dans les galeries latérales, comprendra le cabinet du directeur-médecin, placé de manière à permettre une active surveillance sur ce qui pourra sortir et entrer, la salle où se réunira le comité de surveillance, l'économat et les bureaux, puis on distribuera dans des bureaux appropriés, la pharmacie et ses dépendances, la lingerie et les magasins des étoffes, des toiles, des ustensiles, la cuisine et ses dépendances, l'office, les caves, la panneterie, l'étal, l'épicerie, etc. Si, pour la perspective, on préfère placer les services généraux dans les deux galeries latérales, le classement de ces diverses parties peut s'y opérer facilement.

De graves objections ont été faites au choix des religieuses ; nous avons exposé dans notre *Mémoire pour l'établissement d'un asile*, traduit par notre savant confrère le docteur Monlau (1), les raisons qui nous faisaient préférer ces corporations, en ayant soin de faire observer que les religieuses doivent exécuter les prescriptions du médecin et se renfermer dans leurs attributions qu'il importe de bien tracer. Dans un pays catholique comme l'Espagne, ce choix ne saurait être douteux. Le logement des sœurs sera placé près de la chapelle. Celle-ci, élevée à

(1) *Mémoire pour l'établissement d'un hospice d'aliénés*, couronné par la Société des sciences médicales et naturelles de Bruxelles, au concours ouvert en 1834 sur cette question : Indiquer l'exposition, l'emplacement, la distribution, la direction matérielle, hygiénique et médicale les plus convenables pour l'établissement d'un asile, avec un plan, par Poiret, architecte. (*Annales d'hygiène et de médecine légale*, t. XVI, p. 39, 1836.)

l'extrémité des deux bâtiments latéraux en avant du réservoir, dans un lieu parfaitement choisi pour la perspective, dominera l'établissement par son clocher qui sera le point de repère vers lequel convergeront les regards. Il y a dans la chapelle de l'asile Saint-Athanase une disposition qui m'a vivement ému et que je voudrais voir adoptée dans tous les asiles. Le docteur Follet, touché du dévouement des infirmiers qui ont consacré leur existence à soigner les aliénés, a voulu que leurs noms fussent inscrits sur les murs. C'est dans un pareil lieu la meilleure récompense d'une vie d'abnégation, de foi en l'avenir, et l'application d'une des justes pensées de ce siècle, que les chefs ont trop longtemps accaparé tous les genres de gloire, qu'il faut maintenant faire la part des serviteurs qui les ont secondés.

L'ensevelissoir et l'amphithéâtre auxquels pourra être adjoint un cabinet de pièces anatomiques, seront situés entre la chapelle et le réservoir. Toute la partie des galeries, à partir du niveau de la chapelle, sera réservée pour les hangars de bois à brûler, de charbon, pour la buanderie et dépendances, l'étendoir à couvert, etc. L'extrémité circulaire des galeries sera occupée par le réservoir principal des eaux qui se distribueront au moyen de conduits dans toutes les parties de l'édifice. On a calculé que la quantité d'eau nécessaire aux besoins quotidiens de l'asile, doit être d'un hectolitre par malade.

Dans le cas où le bâtiment des services généraux occuperait le centre de la construction, le calorifère, s'il y avait lieu d'en établir un, serait placé dans la cave centrale. Nous avons essayé de la plupart des systèmes connus, celui à air chaud est encore le seul qui nous ait donné les meilleurs résultats. Les bains ont une influence trop importante dans le traitement de l'aliénation mentale, pour ne pas être l'objet de considérations spéciales. Les avis sont partagés sur la réunion des bains en une salle commune avec des compartiments, ou l'établissement de quelques baignoires dans les principales sections. Il est évident que les pensionnaires et les pauvres doivent avoir leurs bains séparés. L'économie peut engager à faire des salles communes de bains pour les deux grandes divisions des hommes et des femmes, et à les placer à la partie centrale du bâtiment des services généraux, au rez-de-chaussée de chacune de deux galeries ; nous préférerions cependant quelques baignoires dans chaque service, ainsi que cela a lieu à l'asile de Quatre-Mares.

Les baignoires diffèrent suivant le genre de folie. Il en est d'ordinaires pour les malades tranquilles, il en est, au contraire, auxquelles on adapte un couvercle qui se fixe pour les agités, les furieux, certains suicides. Nous avons vu à Marseille et en Italie, dans plusieurs établissements publics, des baignoires de marbre, à moitié enfoncées dans le sol, qui rendent facile l'immersion des malades dans le bain, même contre sa volonté.

Des dispositions fort simples mettent à même de recourir à l'application de l'éponge, de l'irrigation continue que j'emploie depuis un grand nombre d'années, des affusions, etc.

Pour prévenir les accidents qui résulteraient de la saillie des robinets à côté du malade, on a imaginé de faire arriver l'eau dans la baignoire par la partie où se placent les pieds, cette modification est bonne.

Les bains sulfureux, médicamenteux, de vapeur, étant souvent prescrits chez les aliénés, il est nécessaire d'instituer des cabinets particuliers dans la partie la plus centrale de l'asile, où ces bains puissent être facilement administrés.

Dans la distribution des diverses parties qui entrent dans la composition des bâtiments d'administration et des services généraux, je n'ai pas parlé du nombre des étages, il est incontestable que, dans ce cas, il ne peut y avoir de dissidence sur la nécessité d'avoir un ou deux étages et des greniers, servant au besoin de magasins. Les principales divisions de la partie centrale de l'asile doivent être séparées par des cours et des jardins.

Les étages supérieurs seront consacrés aux logements du directeur-médecin, de l'aumônier, de l'économe, des élèves internes, du pharmacien, des aides pharmaciens, d'un employé aux écritures, d'un premier surveillant général.

Les quartiers destinés aux malades méritent une attention particulière, et nous allons indiquer à ce sujet les idées que nous ont suggérées notre expérience et la visite d'un grand nombre d'établissements de ce genre.

Le programme du ministère espagnol porte le chiffre des malades à cinq cents, il est conforme, sous ce rapport, à celui que nous avions rédigé pour la Société des sciences médicales et naturelles de Bruxelles. Nous avions proposé neuf pavillons pour chaque sexe, ce qui en élevait le chiffre à dix-huit, nous ne voyons aucune raison d'en diminuer le nombre, surtout avec les pensionnaires. Notre plan primitif pour la construction des pavillons avait pour caractère distinctif une double rangée de quartiers séparés les uns des autres par une galerie droite centrale.

Cette modification importante ayant été réalisée à Toulouse, l'examen que nous en avons fait nous a confirmé ses avantages pratiques, aussi la proposons-nous de nouveau. Dans ce système, en effet, la galerie qu'on peut comparer à l'artère principale qui se rend à toutes les parties du corps, diminue considérablement l'espace à parcourir du bâtiment des services généraux aux quartiers, permet de supprimer l'immense et inutile cour qui s'interpose entre ces constructions, réduit de plus de la moitié la longueur des galeries ordinaires de service, et rend la surveillance facile.

Je ne puis m'empêcher de consigner ici l'impression que produit sur moi à Toulouse la vue de cette galerie droite, réalisation d'une idée qui datait de vingt-cinq ans, et dont un concours de circonstances qui n'a rien d'offensant pour personne, n'avait pas permis que je fusse instruit jusqu'alors.

De ce singulier état de choses, il résultait que je me trouvais dans la position d'un spectateur qui assisterait, sans le savoir, à la première représentation d'une de ses pièces oubliées depuis longtemps dans les cartons ; il y avait seulement cette chance heureuse qu'il s'était rencontré un chercheur probe, sans levain, initié à tous les secrets de l'art, à tous ses perfectionnements, qui s'était épris de l'idée, l'avait exhumée, rajeunie, embellie et offerte au public, mais en commettant la faute peu commune, du reste, de faire la part du premier auteur, sans avoir d'abord cherché s'il pouvait lui être utile ! Que pouvait dire celui-ci ? exprimer sa reconnaissance au médecin qui l'avait si bien ressuscité ; c'est ce qu'il a fait et ce sentiment ne s'affaiblira pas de sitôt.

Dans notre premier plan, les habitations étaient disposées à droite et à gauche du pavillon, suivant une ligne parallèle à l'axe d'entrée. MM. les docteurs Marchant et Delaye ont heureusement modifié cette disposition et placé leur bâtiment au centre de deux cours qu'on isole à volonté, de sorte que les divisions peuvent facilement atteindre le chiffre de trente-deux, disposition qui présente un grand avantage pour les classements. Les principales expositions sont à l'est et à l'ouest. Les cours entre lesquelles se trouve le pavillon central, sont sablées, plantées d'arbres, ornées de touffes de gazon, avec une fontaine, elles sont entourées de promenoirs ouverts pour protéger les malades contre les intempéries des saisons et les ardeurs du soleil. Ces promenoirs qui apportent de sérieux obstacles aux évasions, rendent aussi difficiles les communications d'une division à l'autre. Ils doivent avoir une largeur de 3 à 4 mètres, et être soutenus par des colonnes de bois, de pierre ou de fonte. Des bancs de pierre ou de bois seront établis dans ces galeries. Du côté de la campagne, le carré doit être à clairière et présenter un jardin qui récrée la vue, agrandit les promenades et où peuvent se reposer ou travailler les aliénés qu'on est dans l'impossibilité d'envoyer aux champs.

Une disposition architecturale que nous avons toujours trouvée désirable dans les grandes lignes de nos monument: et de nos longues rues, c'est la variété dans l'ornementation et la hauteur, quelque chose enfin qui brise l'uniformité et la monotonie de la ligne droite. Cette combinaison a été mise en pratique dans la façade de l'asile de Toulouse. Ainsi le pavillon des aliénés tranquilles et des imbéciles, dont le chiffre est toujours considérable, présente un étage de plus que les autres, économie qui n'a aucun inconvénient, puisque cette catégorie de malades est généralement valide.

Ce besoin de diversité pourrait être étendu dans l'intérêt des aliénés, tout en observant les règles, à l'aspect des bâtiments, à leur mode de construction, à la disposition des préaux et des galeries, à la couleur des peintures. Le mélange de la brique et de la pierre est plus gai et plus agréable à l'œil que l'emploi d'un seul de ces matériaux.

La position des pavillons déterminée, il faut s'occuper de leur distribution. Au temps d'Esquirol, le rez-de-chaussée était seul reconnu praticable; nous avons montré que cette limite était dispendieuse et exigeait de grandes étendues de terrain, aujourd'hui les asiles ont un et deux étages. Les malades et le service n'en souffrent aucunement. Le rez-de-chaussée est spécialement réservé aux débiles, aux vieillards, aux gâteux, indépendamment de quelques pièces particulières; quatre de ces pièces sont destinées au cabinet du premier surveillant ou de la religieuse, au magasin, au cabinet de toilette et au lavoir, si on les adopte dans chaque division.

Le cabinet de toilette que l'on doit aux Anglais, nous paraît convenablement placé au rez-de-chaussée, entre la salle de bains et le réfectoire, ou entre le réfectoire et la salle de travail. Il doit contenir des cuvettes fixées le long du mur, pourvues chacune d'un robinet distinct, dans la proportion d'une cuvette pour cinq malades ; des essuie-mains immobiles en nombre semblable ; une armoire à tiroirs étiquetés, contenant un peigne et une brosse pour chaque malade. Des porte-manteaux, en quantité suffisante, reçoivent les vêtements du travail.

Deux pièces plus grandes serviront de réfectoire, de chauffoir et de salle de réunion et de travail. Les malades les plus infirmes de la catégorie ci-dessus désignée, seront logés dans des dortoirs de dix à quinze lits ; il y aura de plus un certain nombre de chambres, office pour faire chauffer l'eau, les tisanes, des pièces pour déposer le linge sale, faire sécher celui qui peut encore servir, et un lieu de décharge pour divers objets à tenir en réserve ou à éloigner des regards.

Il est nécessaire d'entrer dans quelques détails sur l'aménagement des diverses pièces qui viennent d'être indiquées. Dans les principaux asiles de France, le rez-de-chaussée est planchéié, frotté et les murailles sont lambrissées. A Saint-Athanase, les salles, les dortoirs, les chambres sont lambrissés avec du bois de sapin, de châtaignier et de chêne, trempés dans de l'huile bouillante et enduits de trois couches de vernis, ce qui leur donne une couleur naturelle des plus agréables à l'œil. Chaque lit a sa couverture de laine rouge à filet et son édredon. Les dortoirs sont désignés par un nom emprunté aux médecins spécialistes justement estimés. Nous pensons qu'aux étages supérieurs, lorsque la température est convenable, on peut se dispenser de boiseries, peindre les murs à l'huile à la hauteur d'un mètre, et badigeonner le surplus à la colle. Si le plancher est en bois, il doit être frotté. En Italie, on fait usage d'une préparation qui ressemble à la pierre dure et que le lavage rend facilement propre.

Pendant longtemps on a pensé que les aliénés devaient être classés suivant les formes de leur maladie, et je l'ai cru également ; aujourd'hui l'expérience a appris que les maniaques, les monomaniaques, les mélancoliques, les déments, les imbéciles même, peuvent vivre ensemble, à la condition d'être tranquilles, ce qui a lieu le plus ordinairement. Il se passe dans ces réunions, ce qu'on observe dans la société où chaque jour on voit le talent, la science, la noblesse, la modestie côtoyer la bêtise, l'ignorance, la naissance d'hier, la présomption, sans que ces contrastes qui peuvent faire sourire l'observateur, produisent la plus légère agitation, parce que chacun est content de soi, ne s'embarrasse pas de son voisin, et qu'en outre, partout où il y a réunion d'hommes civilisés, chacun s'observe et ne veut pas se faire remarquer. C'est exactement ce qui se passe chez les fous. Entrez dans un salon où ils sont réunis, asseyez-vous à une table où ils prennent leur repas, vous serez frappé du calme, de l'ordre, du silence qui règnent au milieu d'eux, et cette parole d'un étranger visitant un asile bien tenu qui s'écriait : Où sont donc les fous ? est d'une vérité banale.

Il y a plus, c'est que ces réunions nombreuses ont l'influence morale la plus heureuse sur ces malades, et si elles ne les guérissent pas, elles leur apprennent du moins à exercer une certaine surveillance sur eux et à régulariser leurs actes. C'est sur ces faits d'observations qu'on s'est fondé pour réduire le classement aux catégories suivantes : malades en traitement, agités, convalescents, chroniques, tranquilles et imbéciles, infirmes, gâteux, épileptiques, enfants et vieillards, aliénés détenus judiciairement.

Des examens comparatifs ont été faits pour le classement respectif de ces diverses séries. M. Parchappe évalue ainsi leur proportion :

Enfants	5 pour 100 de la population de l'asile.		
Épileptiques . .	10 pour 100 hom.	8 pour 100 fem.	
Agités	10 —	12 —	
Malpropres . . .	10 —	12 —	
Infirmeries . .	10 —	ainsi réparties : 6,67	

pour les maladies incidentes et 3,33 par l'annexe destinée aux individus dominés par de mauvais penchants.

Nous appuyant sur les relevés approximatifs que nous avons faits dans beaucoup de grands établissements de l'Europe, nous classerons les cinq cents malades du programme en douze catégories proportionnelles, en ayant soin de faire observer que ces groupes peuvent encore être modifiés, suivant les besoins et les dispositions des malades.

Tableau des 500 aliénés par séries proportionnelles.

	H.	F.	Total.
I. Aliénés tranquilles.			
1° En traitement	25	25	50
2° Convalescents et pensionnaires (1)	38	38	76
3° Vieillards et infirmes	25	25	50
4° Chroniques, déments, imbéciles	58	58	116
II. Aliénés jeunes	12	12	24
III. Aliénés épileptiques	24	20	44
IV. Aliénés malpropres	14	14	28
1° Aliénés des infirmeries, maladies incidentes	15	15	30
2° Annexe, aliénés à mauvais penchants	10	10	20
V. Aliénés agités.			
1° Furieux	6	10	16
2° Bruyants	10	12	22
VI. Aliénés détenus judiciairement	12	12	24
			500

Quant aux placements de ces séries dans les pavillons, voici l'ordre que nous suivrions pour la division des hommes et qui s'applique également à celle des femmes, sauf quelques indications.

(1) Dans cette classification, qui se retrouve au fond dans la plupart des asiles français, nous devons faire remarquer que la subdivision des convalescents et des pensionnaires ne comprend pas tous ceux de cette dernière catégorie, mais qu'ils sont aussi compris sous les autres dénominations.

Distribution des 18 pavillons.

1. Pavillon des pensionnaires (hommes) 1re et 2e classe;
à quelques malades de 3e classe 30
2. Pavillon des convalescents, des pensionnaires tranquilles, chroniques, déments et imbéciles 30
3. Pavillon des malades en traitement et d'un certain nombre de malades tranquilles. 30
4. Pavillon des vieillards, infirmes, déments et imbéciles. 30
5. Pavillon : 1° infirmerie; 2° malades à mauvais penchants; 3° quartier séparé d'enfants. 25
6. Pavillon des malades tranquilles, chroniques, déments, imbéciles 30
7. Pavillon des épileptiques. 25
8. Pavillon des aliénés bruyants, malpropres. 30
9. Pavillon : 1° des malades agités; 2° des aliénés détenus judiciairement. 20
———
250

Le classement des malades indiqué dans ce tableau peut être modifié suivant les circonstances; ce qu'il importe, c'est que l'emplacement soit disposé de manière à contenir un peu plus que le nombre de malades compris dans chaque section, parce qu'il y a des variations dans les catégories.

Dans la classification des malades, j'ai tenu compte des aliénés détenus judiciairement, le programe leur a, en effet, assigné une place dans l'asile, il est donc nécessaire d'entrer dans quelques détails à cet égard. Cette catégorie de malades présente plusieurs variétés, ainsi les individus accusés et même condamnés peuvent avoir été atteints d'aliénation mentale au moment où ont été commis les crimes ou délits qui leur sont imputés; le désordre de l'esprit peut se développer chez les prisonniers, soit dans le cours de l'instruction judiciaire, soit surtout après la condamnation; enfin il peut exister des aliénés chez lesquels la perversion du sens moral est telle qu'ils sont excessivement dangereux et doivent être soigneusement séquestrés. Les prisons ne sauraient garder, sans inhumanité, des gens malades qui, d'ailleurs, sont un embarras continuel pour l'administration ; mais d'un autre côté, objecte-t-on, les asiles ordinaires ne sont pas destinés aux détenus aliénés, parce qu'ils n'offrent pas les garanties convenables et que la présence de ce genre de malades peut blesser les familles et être nuisible aux aliénés ordinaires. Il y a évidemment des distinctions à établir : les détenus aliénés qui ne sont pas condamnés à des peines infamantes, ceux qui ont été acquittés pour cause de folie, peuvent être séquestrés dans un asile, mais placés dans un quartier spécial où l'évasion ne soit pas possible ; la section des agités présente des garanties suffisantes. J'ai proposé à diverses reprises d'établir un asile particulier pour les aliénés vagabonds et les fous dits criminels, et j'ai fait connaître dans les *Annales d'hygiène* les motifs qui militaient en faveur de cette opinion. Depuis longtemps cet établissement existe en Angleterre. Un nouveau a été formé à Dendram, et le gouvernement anglais a remis à l'étude cet important sujet. En attendant que notre projet se réalise, nous ne voyons pas d'inconvénient à ce qu'il soit consacré à ces aliénés une section dans l'asile commun. Il conviendrait d'avoir un petit quartier séparé pour ceux qui ont des instincts de meurtre, d'incendie, etc.

La question des détenus aliénés nous amène par une transition toute naturelle à parler des mesures contentives. Nous avons rendu justice aux efforts du docteur Conolly, pour faire disparaître tout moyen répressif, mais en même temps nous avons fait nos réserves contre la généralisation de cette méthode, sans aucune exception. Indépendamment de ce qu'il y a de réellement coercitif dans la présence d'un grand nombre d'infirmiers qui maintiennent le malade avec leurs mains, l'irritent au lieu de le calmer, le contusionnent même souvent, il y a bon nombre d'aliénés qu'il faudrait ainsi maintenir jour et nuit. Beaucoup de déments, de paralytiques, chez lesquels les facultés sont plus ou moins anéanties, déchirent continuellement leurs effets, s'arrachent des lambeaux de peau ; certains mélancoliques font des tentatives répétées de suicide ; d'autres ont des plaies qu'ils agrandissent sans cesse et dont la guérison serait impossible, si on ne les mettait dans l'impossibilité d'agir. Il y a donc un juste milieu à tenir. Nous croyons que la camisole et le fauteuil de force peuvent être momentanément employés, lorsque les aliénés sont furieux, complétement dépourvus de raison, détruisant sans cesse, etc. Le fauteuil a, en outre, une utilité que je signale chez les gâteux, les malpropres. En les y plaçant à certaines heures, ils s'exonèrent sans se salir. Le médecin seul doit décider quand il convient de se servir de ces moyens. Dans tous les cas où les malades sont susceptibles de raisonner, il faut recourir aux répressions morales.

J'ignore sur quelles données l'administration espagnole s'est fondée pour faire figurer dans ses appréciations deux cents pensionnaires ; ce qui est certain, c'est que la dernière statistique des établissements d'aliénés de France, de 1842 à 1853 inclusivement, publiée en 1857 à Strasbourg, par M. Legoyt, chef du bureau de la statistique générale, évalue, pour l'année 1853, le nombre total des aliénés, en tout ou en partie, à la charge des départements, à 23,021 sur 24,524, c'est plus de 70 pour 100 des aliénés traités pendant la même année dans tous les établissements. En prenant le chiffre des pensionnaires dans divers asiles de France, on trouve que la proportion est de 1 sur 5. Ce qui donne un total de 100 pour 500 aliénés, et en l'élevant à 20 de plus on a un total de 120. Or, sur ce chiffre, 50 ou 60 environ appartiennent à la première et à la dernière classe, les seules qui présentent des bénéfices réels, le reste rentre dans la catégorie des aliénés dont l'entretien ne réclame aucun sacrifice de la part de l'État, et à ce titre, ils peuvent être placés dans l'asile du régime commun pour les indigents et les pensionnaires de la classe inférieure, sauf quelques rares exceptions.

Cette distinction est capitale, car elle diminue de beaucoup les nécessités du classement pour le pensionnat des classes aisées, qui est indispensable dans l'asile commun. Les agités, les bruyants, les gâteux sont rares dans une catégorie aussi peu nombreuse. La fureur est un symptôme très peu fréquent et passager. Lorsque les asiles sont bien tenus, et c'est ce dont il est facile de s'assurer dans nos établissements privés, un ou deux malades sur quatre-vingts pensionnaires, s'agitant à des intervalles souvent de plusieurs mois, voilà ce qu'on observe depuis plus de vingt ans dans ma maison de santé et dans celle de ma fille. Les bruyants ne sont pas dans une proportion plus considérable. Les gâteux, évalués à 8 ou 10 pour 100, diminuent des trois quarts, si l'on prend la précaution de les mettre à certaines heures, dans la possibilité de satisfaire leurs besoins ; en garnissant leurs lits avec des toiles cirées, on parvient à les coucher dans leur chambre, sans qu'elle porte d'odeur. Un pavillon, convenablement distribué, à deux étages suffira à vingt-cinq ou trente malades de chaque sexe ; les autres pensionnaires des classes inférieures pourront être placés dans des chambres ou des dortoirs séparés de l'asile commun, travailler et prendre leurs repas dans des salles particulières.

Ces remarques faites, on peut consacrer les premiers pavillons de chaque côté aux pensionnaires de première, de deuxième et de troisième classe, dans quelques cas spéciaux. Voici comme nous en concevons la distribution : au rez-de-chaussée, chambre de surveillant ou de religieuses, parloirs, salles à manger, office, magasin, lavoir, chambre de première et de deuxième classe, chambres de troisième classe ; bains ; au premier étage, chambre avec cabinet ou vestibule et lit de domestique ; chambre à un lit, salon, salle de billard, bibliothèque pour les hommes. Il est évident que dans la distribution de ces pièces, l'architecte auquel appartient l'exécution du plan, qui en connaît les besoins et les exigences, doit se rendre un compte rigoureux de la largeur, de la hauteur des habitations, de leur création, de leur ventilation et de l'application des mesures hygiéniques que réclame tout édifice destiné à une grande réunion d'hommes, et surtout à de semblables malades.

Nous avons dit que pour multiplier le plus possible les perspectives agréables, il fallait que chaque pavillon eût une ouverture sur la campagne, et qu'entre la cour et cette ouverture on dessinât un jardin qui agrandirait la promenade des malades qui ne pourraient sortir.

Cet embellissement qui répond de la manière la plus heureuse aux reproches exagérés de claustration, adressés aux asiles, peut encore recevoir un puissant auxiliaire par la suppression des murs de ronde. Rien n'empêche, en effet, qu'on ne fasse creuser par les malades autour de l'habitation un saut-de-loup à plan incliné, au bas duquel on élèverait un mur qu'on dissimulerait à l'aide d'une haie vive. Cette disposition existe à Charenton, dans plusieurs quartiers. La vue ne serait plus alors gênée par aucun obstacle, et dans chaque quartier, les aliénés auraient sans cesse, de leurs jardins, le spectacle des champs. En adoptant cette innovation jointe à la suppression des barreaux, des grilles et des verroux, qui existe déjà, on donnerait à l'asile les apparences de la liberté, avec les précautions que ses habitants réclament, et de cette manière disparaîtraient les derniers vestiges de la prison.

Nous venons d'esquisser le plan de l'asile, comme nous le comprenons dans l'état actuel de la science; lors de notre premier mémoire, nous sommes entré dans les détails concernant l'exposition, l'emplacement, la distribution, la direction matérielle de l'asile, sa direction hygiénique et médicale. Nous ne pourrions que donner de plus amples développements à nos premières propositions. Il y a cependant plusieurs points sur lesquels nous devons appeler l'attention, tels sont l'aération, la ventilation, le chauffage, les modes d'ouverture des portes, des croisées, les lieux d'aisances, la comptabilité des effets, le mobilier, les ateliers, les salles de travail, la ferme, etc...

Le milieu dans lequel l'homme habite n'est pas seulement

vicié par l'exhalation de l'acide carbonique, qu'on évalue, par heure, à 12^{lit},80, il l'est encore par les miasmes versés dans cette atmosphère, au moyen de la transpiration pulmonaire et cutanée. C'est en se fondant sur ces données que les hygiénistes modernes ont évalué à 6 mètres cubes par heure la provision d'air à assurer à chaque individu dans les habitations closes, ce qui porte pour huit heures de séjour, à 48 mètres cubes par individu, la capacité voulue des habitations de nuit. Deux systèmes sont principalement employés pour obtenir ce résultat : 1° une circulation d'air, au moyen d'ouvertures mises en rapport par des conduits avec une cheminée d'appel pour l'extraction de l'air altéré; 2° la même circulation d'air à l'aide d'ouvertures mises en rapport avec l'air extérieur pour l'introduction de l'air neuf puisé dans les caves, ou de préférence au sommet des édifices. Enfin, on peut encore obtenir cette ventilation au moyen d'appareils à projection d'air.

Dans une excursion que nous avons récemment faite en Italie, nous avons constaté que nos blessés de Magenta, de Solferino, etc., dont beaucoup avaient des blessures contusives avec suppuration très abondante, ne répandaient pas autour d'eux l'odeur pénétrante et nauséabonde qui s'exhale de ces plaies, ce qui s'explique sans doute par les soins éclairés des médecins, l'emploi des désinfectants, mais ce que nous attribuons aussi à l'élévation, à la largeur et à la longueur des salles semblables à des nefs d'églises, pourvues de nombreuses ouvertures, et tenues avec une très grande propreté. Cette disposition nous a surtout frappé dans le grand hôpital de Milan, et dans celui de Crémone.

Le chauffage dont l'emploi est plus restreint dans les pays chauds, mais qui n'en reste pas moins indispensable pour les gâteux, les agités, les furieux, les infirmes, pendant les saisons froides et humides, peut encore être utilisé au bénéfice de la ventilation, qui est alors faite par des cheminées qui chauffent peu, mais qui ont un très fort tirage d'air.

Si le climat, quoique chaud, est exposé à des hivers rigoureux, il faut alors recourir à un système de chauffage général. Les deux systèmes qui paraissent réunir le plus d'avantages et qu'on préconise le plus sont les calorifères à air chauffé au contact de tubes, contenant de l'eau ou de la vapeur d'eau chaude, et les calorifères à prolongements caléfacteurs contenant de l'eau ou de la vapeur d'eau chaude, et chauffant dans chaque habitation de l'air aspiré du dehors. Nous avons, dans les divers asiles que nous avons dirigés, employé les calorifères à eau chaude et les calorifères à air chaud, nous déclarons que nous donnons la préférence à ceux de la seconde catégorie. La commission de l'Institut, par l'organe de son rapporteur, M. Regnault, directeur de la manufacture de Sèvres, a recommandé, pour le chauffage, le calorifère à vapeur de M. Grouvelle, et pour la ventilation le projet de mécanique de MM. Thomas et Laurent.

À mesure que la réforme des asiles s'est étendue, chacun s'est appliqué à faire disparaître les moyens contentifs. Les grilles, les barreaux, les verroux, les trousseaux de clefs ont dû faire place à des mesures plus en rapport avec les idées nouvelles. Aux jours de souffrance qui permettaient à peine à la lumière de passer à travers leurs treillis de fer, ont succédé les croisées, semblables à celles des habitations particulières. Pour empêcher les évasions, prévenir les suicides et ôter l'aspect de la prison, on s'est servi pour le rez-de-chaussée, de châssis ordinaires, solidement établis en bois de chêne, ferrés de manière à n'offrir aucune saillie, fermant à clef et divisés en petits carreaux ayant 18 centimètres de largeur sur 24 de hauteur, ce qui excluait tout passage de tête humaine à travers leur ouverture. Dans les habitations des étages supérieurs, un certain nombre de directeurs-médecins ont imaginé de faire appuyer immédiatement la fenêtre de bois sur une grille de fer, reproduisant exactement les châssis pour les pleins et les vides et peintes de la même couleur.

Les dispositions généralement adoptées pour les croisées sont les suivantes : la fenêtre commune des quartiers d'aliénés doit avoir 2^m,30 de hauteur et 1^m,10 de largeur, faire face à celle du côté opposé dans les habitations communes, correspondre à la porte d'entrée dans les chambres particulières, se trouver à 1 mètre de distance de celle qui lui est contiguë, si l'on place un lit entre, et de 3 mètres si l'on place deux lits. Dans les cellules de force, la croisée sera percée à 2 ou 3 mètres d'élévation du sol, sa largeur sera de 1^m,50 et sa hauteur de 1 mètre. (Parchappe.) La direction de l'entrée, dans les cellules de force qui ne doivent pas être des habitations permanentes, n'est point indifférente. Le plus ordinairement, on en établit deux opposées. Le docteur Follet qui a attaché son nom à la fondation de l'asile Saint-Athanase à Quimper, s'est contenté d'une seule entrée, munie d'une porte ouvrant à la fois en dedans et en dehors avec un guichet d'inspection. Il est nécessaire que ces cellules soient plus larges que les autres chambres, afin que le malade ait au moins la liberté de ses mouvements.

Les moyens de fermeture et d'ouverture sont devenus d'une extrême simplicité ; une serrure à pêne dormant, à tour et demi, engagée dans l'épaisseur des portes et des châssis, une clef triangulaire commune, une targette s'abaissant facilement sur la clenche dans quelques cas, suffisent pour les besoins du service.

Les médecins qui ont visité beaucoup d'asiles ont remarqué qu'une bonne installation des cabinets d'aisances est un résultat généralement difficile à obtenir. Dans un grand nombre d'établissements publics de bienfaisance, l'odorat est péniblement affecté par les émanations infectes qui s'en dégagent. Depuis près de trente-cinq ans que nous sommes attaché à des asiles privés, nous nous sommes souvent demandé pourquoi l'on n'établirait pas, dans les asiles, des lieux semblables à ceux des habitations particulières et dont la propreté serait entretenue à l'aide d'une active surveillance. Cette utile modification a été réalisée à Quatre-Mares, près de Rouen, par M. Parchappe. Un

cabinet particulier, contenant un urinoir à plusieurs compartiments, comme dans les gares des chemins de fer, en est l'annexe
obligée. Le meilleur moyen de prévenir la fétidité des émanations
est de substituer à la fosse un vase mobile muni d'anses, qu'on
enlève tous les deux jours ou toutes les semaines, et dont le
produit peut être porté dans l'endroit choisi pour l'élaboration
de l'engrais.

Les cabinets d'aisance ne doivent pas être placés dans les bâtiments occupés par les malades, auxquels on donne des vases
de nuit et des garderobes pour satisfaire leurs besoins pendant
le temps du coucher. Quelles que soient les précautions prises,
ils révèlent toujours dans ce cas leur présence. Le véritable lieu
d'élection est au rez-de-chaussée, au contact immédiat des bâtiments en dehors des préaux. M. Marchant, dans l'asile de Toulouse, a fait placer la porte de telle sorte qu'elle ouvre sur les
préaux, n'a qu'un mètre de hauteur et ne clot environ que la
moitié de l'ouverture à laquelle elle est destinée. L'aliéné peut
toujours être aperçu, sans que sa susceptibilité soit blessée. On
peut ainsi disposer deux siéges en séparant chacun d'eux par un
mur de 1 à 2 mètres de hauteur.

Dans toute administration, l'ordre dans la comptabilité est de
première nécessité. Nous ne nous occuperons ici que de celle
qui est relative aux effets, parce qu'avec les aliénés, elle est
d'une extrême importance. J'ai surtout remarqué la régularité
de ce service à l'asile d'Auxerre. Matricule, numéro d'ordre,
tout y a sa série. Chaque malade a son petit mobilier, dont il
est responsable au moyen d'un compte qui lui est ouvert. Plusieurs fois, j'ai vérifié au hasard le nombre et l'état des effets, et
jamais je n'ai trouvé ni erreur, ni désordre. Sur le registre, on
peut suivre chaque objet depuis son entrée dans l'asile jusqu'à
son usure complète ou sa destruction. Cette comptabilité n'est
pas moins parfaite pour les services généraux. Une simple feuille
retrace l'emploi de tout ce qui a servi pendant la journée. Avec
cette méthode, le coulage est difficile.

Le mobilier des asiles d'aliénés ne peut, en général, différer de celui des hôpitaux destinés aux indigents, pour les réfectoires, les dortoirs, etc., et il doit se rapprocher, le plus possible, du mobilier des habitations ordinaires dans les chambres individuelles et dans les quartiers des pensionnaires.

Chaque malade doit avoir à sa disposition une chaise et une table de nuit avec des tiroirs pour les objets indispensables de toilette. Si l'on se sert de rideaux, il faut avoir soin de les suspendre au moyen d'un anneau, disposé de manière à s'ouvrir et à se détacher par une traction un peu forte, comme cela s'observe dans l'asile de Rouen.

Les lits de fer sont généralement adoptés; il y a cependant une exception à faire pour les cellules de force dont les lits doivent être de bois massif, inamovible et à auge.

Les lits des malpropres, également en fer, sont le plus souvent à fond plein, disposé en plans inclinés avec un trou central au-dessous duquel est placé un vase de nuit. On garnit le lit de paillassons de balles d'avoine, de matelas coupés et percés, selon le modèle de Charenton. Enfin, lorsque le malade gîte continuellement, on remplit le lit à auge de zostère qu'on renouvelle fréquemment.

Les couteaux doivent être arrondis à leur extrémité et tranchants seulement dans une partie de leur longueur. Les fourchettes sont à dents courtes et à pointes peu aiguës.

L'éclairage à gaz convient pour les services généraux, les escaliers, les vestibules et galeries de quartiers. Dans les habitations de jour les lampes ordinaires, et dans les habitations de nuit les lampes veilleuses suspendues sont préférables.

L'expérience des malades a appris que si le traitement médical et moral avait dignement inauguré la réforme entrevue par Daquin, mais réalisée par l'illustre Pinel, il y avait deux obstacles à vaincre qui pouvaient paralyser les efforts les plus généreux, j'ai nommé la paresse et l'oisiveté. Aussi depuis l'essai de Sarragosse sur lequel on manque de renseignements précis, la nécessité du travail a-t-elle été universellement reconnue. M. Perrus, en créant la ferme de Sainte-Anne, a donné un exemple qui a partout trouvé des imitateurs; mais on a compris que si l'exercice corporel était un puissant auxiliaire, la culture de l'esprit pouvait aussi rendre d'utiles services. C'est sous cette double influence que les asiles ont vu se fonder les ateliers, les classes, les exploitations agricoles et les salles d'études.

Avant d'entrer dans les détails qui concernent le travail, ce modificateur important des affections nerveuses, nous regardons comme une chose utile d'exposer quelques-unes de nos idées sur le traitement des maladies mentales. La folie ne crée pas un être à part, un grotesque ou un furieux, comme on se l'imagine dans le monde, ces deux types sont des exceptions; le plus ordinairement, elle exagère les qualités ou les défauts de l'aliéné, le fait penser et agir ouvertement; souvent elle change son caractère, ses habitudes, réveille les mauvais instincts, en suscite d'inconnus et le livre momentanément à des emportements aveugles, parce qu'elle obscurcit la lumière qui l'éclairait encore. Mais, à moins que la fureur ne soit arrivée au dernier degré ou que la raison ne soit entièrement abolie, l'aliéné conserve les notions du bien et du mal, et j'ai cité dans les *Annales médico-psychologiques*, l'anecdote de ces insensés, renfermés dans un asile des États-Unis qui, s'entretenant d'un crime, commis dans le voisinage, exprimèrent, au point de vue de la conscience, de la loi et de la religion, les idées les plus saines sur l'acte coupable.

Bien convaincu par la longue fréquentation de ces infortunés que si l'organisation physique et, en première ligne, l'hérédité ont une large part dans leurs maladies, les chagrins, les froissements, les mécomptes de l'amour-propre, les blessures morales, les sentiments trompés, les instincts non satisfaits, etc., sont très souvent les causes déterminantes de l'aliénation; je n'ai cessé de répéter qu'après l'affaiblissement de la période d'excitation, la vie de famille était d'un puissant secours dans le traitement.

Parmi les nombreuses observations que j'ai recueillies, je rapporterai la suivante :

Un homme d'un caractère jaloux, très porté à la colère, avait été longtemps délaissé par ses parents. Il se persuada qu'ils le trouvaient inférieur à ses frères et sœurs et que sa présence leur était pénible ; à la longue, ces pensées le rendirent morose, peu communicatif et lui ôtèrent toute confiance en lui-même. Des événements imprévus le placèrent à la tête d'une grande fortune, sans changer son humeur, il vivait presque toujours seul. A la suite d'une maladie intestinale, il fut atteint d'une affection mélancolique avec refus des aliments. On le confia à mes soins. Pendant un mois, il me reçut fort mal et fut même une fois sur le point de me frapper.

Je ne me lassai point de lui témoigner l'intérêt que je prenais à sa position. Enfin, une amélioration se manifesta, nous pûmes causer. Ce fut alors que je découvris les plaies secrètes de son cœur, dont, suivant la coutume, on ne m'avait rien dit. Mon traitement fut aussitôt arrêté : après l'avoir placé au milieu de ma famille qui ne cessait de l'encourager, je lui parlai de son esprit, des avantages qu'il en tirerait, en l'employant à des travaux sérieux, du plaisir que j'avais dans sa conversation. Je mis en relief ses qualités, en lui faisant sentir combien il avait eu tort pour lui et pour les autres, de les tenir cachées. Ces entretiens duraient des heures entières ; deux mois s'écoulèrent ainsi. Cette persévérance eut les plus heureux résultats. La mélancolie et la colère qui reparaissaient de temps à autre, cette dernière injurieuse, blessante, s'affaiblirent peu à peu ; la raison reprit son empire, et le malade, guéri, nous a, depuis, donné des preuves d'un véritable attachement.

Parmi les innovations qui ont exercé une heureuse influence sur les aliénés, nous ne devons pas oublier les repas en commun. Lors de notre premier mémoire, nous signalions les bons effets de cette mesure dans plusieurs maisons de santé où elle était en vigueur ; depuis sa publication, elle a été étendue aux salles publics. J'ai souvent assisté aux repas des malades dans de grands établissements, et malgré l'habitude je ne pouvais m'empêcher de considérer ces réunions avec un vif intérêt. Tous semblaient attendre l'heure du repas avec un certain plaisir, chacun se rendait à sa place sans désordre; à peine la tranquillité était-elle troublée parmi ces malades, la plupart sans éducation. On pourrait d'un coup d'œil se rendre compte de leur manière de se nourrir, activer le retardataire, modérer le glouton, donner à chacun la part nécessaire. Pour conserver l'ordre au milieu de tant de monde, une précaution fort simple était de placer des chefs de table et de recommander aux surveillants de ne pas perdre de vue les malades.

Trois repas constituent la nourriture ordinaire des aliénés. Le déjeuner et le souper sont plus légers, le dîner est plus abondant. J'ai fait connaître la quantité et la qualité de la nourriture dans mon premier mémoire, tant pour les aliénés pauvres que pour les pensionnaires. Ce régime diététique doit varier suivant les climats.

Tous les malades ne peuvent assister aux repas en commun; il est utile d'établir sous ce rapport des catégories; ainsi les enfants ou jeunes aliénés, les malpropres, les épileptiques, les agités, les aliénés détenus judiciairement, doivent avoir leur réfectoire particulier.

La régularité et la réunion dans les repas étaient un très bon auxiliaire pour les occupations manuelles, aussi les malades y ont-ils porté les mêmes habitudes. Depuis que la loi du travail est en vigueur dans tous les asiles bien tenus, l'habillement, la chaussure, le linge de corps, la literie sont exécutés par les malades, sous la surveillance de gardiens contre-maîtres. Le blanchissage du linge, son raccommodage, sont aussi faits par eux. On peut dire qu'à part les travaux de boulangerie, de boucherie, pour lesquels il vaut mieux passer des marchés, moyennant un prix moyen, pendant un certain nombre d'années, et quelques matières premières, tous les ouvrages sont exécutés dans les utiles à leur bénéfice et à l'avantage des malades. Des critiques se sont élevées contre ce système, qu'ils ont qualifié d'exploitation contraire au but de l'institution. On peut répondre qu'avec des médecins-directeurs, un comité de surveillance, une inspection générale, l'abus sera difficile, et que même s'en glissait-il, les résultats du travail sont si avantageux pour les aliénés qu'il faut le favoriser et y intéresser en même temps ceux-ci par un petit salaire. La plupart de ces travaux peuvent être entrepris en dehors des quartiers et s'exécuter dans des pièces faisant partie des services généraux. Ce déplacement est utile aux malades pour lesquels il devient un changement, dont il éloigne l'idée de séquestration tout en permettant une surveillance plus exacte des instruments et outils employés. — Aux ateliers déjà indiqués, on peut en adjoindre d'autres pour la menuiserie, la serrurerie, la peinture, la sparterie, etc.

Les femmes, plus sédentaires que les hommes, se livrent aux travaux de couture dans les salles des quartiers et nous en avons vu à Toulouse un grand nombre qui, sous la surveillance d'une dame religieuse, confectionnaient une multitude d'objets ; leur tenue était si convenable qu'un étranger ne se fût jamais cru au milieu d'une réunion de cerveaux dérangés. Il conviendrait d'établir une gymnastique dans le quartier des enfants. Peut-être ce moyen pourrait-il être employé avec avantage dans d'autres sections.

L'extension donnée au travail devait naturellement appeler l'attention sur les occupations intellectuelles. Des essais d'abord timides ont eu lieu, et à mesure que les méthodes se sont perfectionnées, on a reconnu que ces moyens considérés comme des distractions avantageuses, devenaient aussi aux malades des notions dont ils étaient complètement dépourvus. Si l'imbécile et l'idiot même peuvent, en effet, apprendre à lire, à écrire, à compter, on ne comprend pas comment des aliénés dont l'esprit est seulement faussé sur quelques points, ne seraient pas susceptibles d'instruction. Les leçons auxquelles nous avons assisté en présence de MM. Parchappe à Saint-Yon, Girard à Auxerre, Falret père à Paris, ne nous ont laissé aucun doute sur leurs fruits. Non-seulement les malades répondaient bien, mais plusieurs m'ont dit que ce genre de travail leur était agréable et qu'ils y trouvaient un véritable plaisir. Ce fut à la suite d'une visite des ateliers et des classes dans l'asile Saint-Athanase à Quimper, que j'écrivis dans l'*Union médicale* ces lignes : « Quel consolant spectacle que celui que je viens d'avoir sous les yeux ! Des centaines d'infortunés que la maladie livrait à l'isolement et à la désaffection des leurs, aux rires sardoniques des étrangers, aux privations de toute espèce, au suicide ou au crime, sont réunis sous une tutelle intelligente ! Convenablement vêtus et nourris, bien mieux logés et couchés qu'ils ne l'eussent été chez eux, ils retrouvent les habitudes de la vie. Ils ont, en outre, des conseils, des encouragements, des leçons, qui leur ont presque toujours fait défaut, et pour un certain nombre d'entre eux, un nouvel ordre d'idées s'éveille ; des jours meilleurs peuvent encore luire. Pour la majorité des autres, que l'ignorance, une fausse tendresse ou une parcimonie fâcheuse auraient condamnés au sort le plus misérable, l'asile est une dernière retraite offerte à des maux auxquels la société a sa grande part. »

Il ne suffit pas d'avoir débarrassé l'asile de ses entraves, de l'avoir doté d'ateliers, de salles de travail, de conversation, de jeux, d'écoles d'instruction, de chant, de musique (1), d'une petite bibliothèque, d'avoir toujours présent à l'esprit, dans sa construction, qu'il n'y a pas d'objet, si minime qu'il soit, qui n'ait sa raison d'être, le but qu'on se propose ne serait pas atteint, si l'asile n'avait pas sa ferme qui est la pierre angulaire de l'édifice, car elle est non-seulement la réponse au système de la vie

------

(1) J'ai constaté en 1859 à l'hôpital de la Senavra, près de Milan, de beaux résultats de l'enseignement du chant et des instruments. Tout récemment j'ai entendu à Quatre-Mares un grand nombre d'aliénés jouant très bien de plusieurs instruments et faisant leur partie dans un concert.

à l'air libre, mais encore un excellent moyen de traitement et un allégement considérable aux charges du budget de l'établissement.

Quatre-Mares, dans mes deux visites, m'a laissé, sous ce rapport, un souvenir qui ne s'effacera pas de longtemps. On peut dire hautement et sans exagération qu'un des côtés le plus saisissant de cet asile est celui de l'exploitation agricole. Il est difficile de s'en faire une idée à moins de l'avoir observée sur les lieux. Cette belle campagne, si accidentée et si variée dans ses aspects, est comme la commune de Gheel, parcourue par un grand nombre d'aliénés, dont les uns labourent, hersent, sarclent, conduisent les troupeaux, ramènent les chariots chargés de produits, dont les autres nivellent le terrain, rapportent les terres, exécutent des travaux de terrassement de toute espèce. Avec le concours des malades j'ai vu dans d'autres asiles, des terrains arides, caillouteux, effondrés, paraissant sans ressources, se combler, se couvrir de terre végétale et devenir extrêmement productifs. Sans doute, malgré l'activité de ces travaux, la régularité, l'ordre avec lesquels ils s'exécutent, la folle du logis n'est pas toujours absente, et il n'est pas rare d'entendre l'insensé qu'on arrête pour causer quelques instants avec lui, vous parler de ses hallucinations, des sorts qu'on lui a jetés, des ennemis qui l'ont ruiné, mais bientôt il retourne tranquillement à la charrue ou à la récolte des légumes et son état général atteste les bons résultats de ce régime,

L'influence du travail sur l'aliénation mentale est incontestable; elle améliore, en effet, la santé et la position des malades, elle régularise leurs habitudes, elle hâte leur convalescence, elle prévient les effets désastreux de l'oisiveté; mais comme toutes les choses de ce monde, elle a ses limites, et ce serait aller contre l'expérience que de prétendre qu'elle peut remplacer les remèdes dans la période aiguë et surtout dans la manie.

Les Anglais, chez lesquels les exploitations agricoles sont l'objet de soins si éclairés, se sont montrés dignes de leur réputation dans celles qu'ils ont consacrées aux aliénés. Leurs fermes de Hanwell et de Surrey sont grandement installées et peuvent servir de modèles en ce genre. Nous pensons néanmoins que la ferme de Quatre-Mares est en état de soutenir la comparaison avec les établissements de nos voisins, et que M. Parchappe a eu raison de dire qu'elle mérite d'être proposée pour exemple; c'est aussi, nous en sommes convaincu, l'opinion qu'en rapportera le docteur Pujades, chargé par le gouvernement espagnol de visiter les principaux établissements de l'Europe.

Située à peu de distance de l'asile, contiguë aux jardins potagers, aux terres labourables, cette ferme présente dans l'extérieur architectural du bâtiment une apparence de simplicité qui n'en exclut ni l'agréable ni le confort; tout y est d'une propreté remarquable, peut-être même un peu recherchée, car, à l'époque de notre visite, les portes de la porcherie étaient frottées. Le rez-de-chaussée est occupé par la porcherie, le lavoir, les étables, les écuries, la salle commune pour les domestiques, le poulailler, le cellier, la charroterie, les pompes à incendie, la laiterie, la grange, les instruments aratoires, l'atelier de maçonnerie, la serrurerie et les auges. Au premier étage, se trouvent les greniers, la chambre des domestiques, les ateliers de menuiserie, de peinture et de vitrerie. J'ai compté douze vaches et cinq ou six chevaux, ce nombre va encore être augmenté.

Il y a évidemment dans l'examen de cette ferme des enseignements bien capables de faire comprendre la nécessité et les avantages d'un pareil établissement. Je pourrais encore citer les exploitations de Maréville, d'Auxerre, de Saint-Athanase, du Mans, de Blois et d'autres asiles, mais la question me paraît suffisamment décidée sur ce point.

Une considération d'une très grande importance est celle de la dépense d'un asile, par place d'aliéné, en y comprenant la construction, le mobilier, le terrain. Les sacrifices élevés qu'ont dû s'imposer les administrations communales de France pour obéir à la loi du 30 juin 1838 ont été l'objet de récriminations nombreuses et injustes. Il y a un fait qui domine tous les autres c'est que l'État doit aide et protection aux malheureux qui souffrent, surtout lorsque la maladie est le résultat des contre-coups de l'ordre social. Au reste, cette question n'en est plus une, puisque tous les pays civilisés se sont empressés d'élever de magnifiques asiles pour leurs aliénés. Un premier point qu'il ne faut pas perdre de vue, c'est que la quotité de prix de la place d'aliéné variera considérablement, en raison du nombre des places créées dans le même établissement, et sera d'autant moins forte que ce nombre sera plus grand. Un second point dont il faut aussi tenir compte, c'est que la quotité de la dépense pour chaque place augmentera ou diminuera suivant le caractère architectural des constructions, la nature et le prix des matériaux, le coût de la main-d'œuvre, la nature du terrain d'assiette, etc.

Dans un tableau comparatif des prix, dressé par M. Parchappe, on voit que pour 10 asiles de l'Angleterre, la quotité du prix par place d'aliéné, a varié entre 10 339 fr. et 3 219 fr.; qu'en Écosse, pour un seul établissement, elle a été de 3 983 fr.; qu'en Irlande sur 9 asiles, elle s'est élevée à 5 841 fr. pour descendre à 3 578 fr. Cette même quotité pour 4 établissements publics de l'Allemagne s'est trouvée comprise entre 5 000 fr. et 1 875 fr.; enfin sur 6 établissements français, elle a varié entre 2 857 fr. et 1 681 fr.

Les deux derniers asiles de cette catégorie ont été exécutés d'après les plans de M. Parchappe, et il faut observer qu'il avait évalué lui-même la dépense et qu'elle n'a pas été dépassée par les dépenses réelles. Pour obtenir de tels résultats, ajoute-t-il, il suffit de les vouloir avec intelligence et fermeté. En prenant pour bases ces évaluations, on peut donc porter la quotité de la dépense par place d'aliéné pour un asile de 500 malades entre 1 650 fr. et 1 700 fr., ce qui donne pour le premier chiffre un total de 825 000 fr. et pour le second une somme de 850 000 fr.

Il est évident que pour dresser un pareil devis et le réaliser, il faut être profondément versé dans tout ce qui concerne la construction d'un asile d'aliénés, et je n'hésite pas à déclarer que je ne connais personne plus en état de renseigner le gouvernement espagnol sur tous ces détails que M. l'inspecteur général Parchappe.

J'ai dit ce que pouvait être la dépense par place d'aliéné, construction, mobilier, terrain compris, il me reste à ajouter, et c'est par là que je termine, que pour l'année 1853, la dernière statistique publiée par M. Legoyt, chef de bureau de la statistique générale de France, évalue l'entretien des aliénés indigents, en moyenne, à 204 fr. 35 cent. pour chacun d'eux.